Seneca

Vom glückseligen Leben

Seneca

Vom glückseligen Leben

schattenlos

Nach Lucius Annaeus Seneca (1-65).

Deutsche Übersetzung:
Vom glückseligen Leben. Albert Forbiger. 1867.

Neuausgabe: 2019 schattenlos Verlag, Bern.

ISBN: 9783749452118

Textbearbeitung: schattenlos Verlag, Bern.
Umschlaggestaltung: © schattenlos Verlag, Bern.
Herstellung und Verlag: BoD – Books on Demand, Norderstedt

Bibliografische Information der Deutschen Nationalbibliothek

Die Deutsche Nationalbibliothek verzeichnet diese Publikation
in der Deutschen Nationalbibliografie; detaillierte bibliografische
Daten sind im Internet über http://dnb.d-nb.de abrufbar.

An den Gallio.

I.

(1.) Glückselig zu leben, mein Bruder Gallio, wünschen Alle, aber um zu durchschauen, was es sei, wodurch ein glückseliges Leben bewirkt werde, dazu sind sie zu blödsichtig. Und zu einem glückseligen Leben zu gelangen ist eine so gar nicht leichte Sache, daß Jeder sich um so weiter davon entfernt, je rascher er darauf losgeht, wenn er einmal den Weg verfehlt hat; denn führt dieser nach der entgegengesetzten Seite, so wird gerade die Eile der Grund einer immer größeren Entfernung. Man muß daher zuerst vor Augen stellen, was es sei, worauf man sein Streben richtet; sodann hat man sich darnach umzusehen, auf welchem Wege man am schnellsten dazu gelangen könne, indem man schon auf dem Wege selbst, wenn er nur der rechte ist, einsehen wird, wie viel davon täglich zurückgelegt werde und um wie viel näher man dem Ziele gekommen sei, zu dem uns ein natürliches Verlangen hintreibt.

(2.) So lange wir freilich überallhin herumschweifen, keinem Führer folgend, sondern dem verworrenen Gelärme und Geschrei der uns nach ganz verschiedenen Seiten hin Rufenden, wird unser so kurzes Leben unter [stetem] Irregehen verfließen, auch wenn wir uns Tag und Nacht um eine richtige Ansicht bemühen. Daher entscheide man sich, sowohl wohin man wolle, als auf welchem Wege, und nicht ohne einen kundigen [Führer], der das, worauf wir zuschreiten, [bereits] erforscht hat, weil hier nicht dasselbe Verhältniß Statt findet, wie bei den übrigen Reisen. Bei jenen lassen uns ein Fußpfad, den man festhält, und Bewohner [der Gegend], die man befragt, nicht irren, hier aber täuscht gerade der betretenste und besuchteste Weg am meisten.

(3.) Deshalb haben wir auf Nichts mehr zu achten, als daß wir nicht nach Art des Viehes der Schaar der Vorangehenden folgen, fortwandernd nicht, wo man gehen soll, sondern wo [von Andern] gegangen wird. Und doch verwickelt uns Nichts in größere Uebel, als daß wir uns nach dem Gerede der Leute richten, indem wir das für das Beste halten, was mit großer Zustimmung angenommen ist und wovon wir viele Beispiele haben, und daß wir nicht nach Vernunftgründen, sondern nach Beispielen leben: daher jene gewaltige Zusammenhäufung von Leuten, die Einer über den Andern hinfallen.

(4.) Was bei einem großen Menschengedränge der Fall ist, wo das Volk sich selbst drückt, daß Niemand fällt, ohne noch einen Andern sich nachzuziehen und die Vordersten den Folgenden verderblich werden, das kannst du im ganzen Leben sich ereignen sehen: Niemand irrt nur für sich allein, sondern er ist auch Grund und Urheber fremden Irrthums. Denn es ist schädlich, sich den Vorangehenden anzuschließen; und während ein Jeder lieber glauben, als nachdenken will, so wird über das Leben nie nachgedacht; immer glaubt man nur [Andern], und ein von Hand zu Hand fortgepflanzter Irrthum lenkt uns und stürzt uns [in's Verderben]; durch fremde Beispiele gehen wir zu Grunde.

(5.) Wir werden geheilt werden, sobald wir uns nur vom großen Haufen absondern; so aber steht der Volkshaufe, der Vertheidiger seines eigenen Verderbens, der Vernunft feindlich gegenüber. Und so geht es denn wie in den Wahlversammlungen, wo sich dieselben Leute darüber verwundern, daß Einer Prätor geworden, die ihn selbst dazu gemacht haben, wenn sich wandelbare Volksgunst gedreht hat. Eben dasselbe billigen, eben dasselbe tadeln wir: das ist der Ausgang eines jeden Gerichtes, wobei nach der Mehrzahl entschieden wird.

II.

(1.) Wenn es sich um ein glückseliges Leben handelt, darfst du mir nicht mit jener Aeußerung bei Senatsabstimmungen antworten: »Dieser Theil scheint der größere zu sein«. Denn eben deshalb ist er der Schlimmere. Es steht mit der Sache der Menschheit nicht so gut, daß das Bessere der Mehrzahl gefällt; ein großer Haufe ist ein Beweis vom Schlechtesten. Laß uns daher fragen, was am Besten zu thun sei, nicht was am gewöhnlichsten geschehe, und was uns in den Besitz eines ewigen Glücks setze, nicht was dem großen Haufen, dem schlechtesten Dolmetscher der Wahrheit, genehm sei. Den großen Haufen aber nenne ich eben sowohl die Leute mit Kronen, als die im Flausrock.

(2.) Denn ich sehe nicht auf die Farbe der Kleider, womit die Leiber geziert sind; den Augen traue ich nicht [bei einem Urtheil] über den Menschen. Ich habe ein besseres und zuverlässigeres Licht, worin ich das Wahre vom Falschen unterscheiden kann. Des Geistes Werth finde [auch] der Geist auf. Wenn dieser einmal Zeit gewinnt sich zu erholen und in sich selbst zurückzuziehen, o wie wird er, von sich selbst gefoltert, sich die Wahrheit gestehen und fragen: »Alles, was ich bisher gethan, möchte ich lieber ungeschehen wissen; wenn ich an Alles zurückdenke, was ich gesprochen habe, so lache ich über Vieles; Alles, was ich gewünscht habe, dünkt mir ein Fluch von Feinden, Alles, was ich gefürchtet, o ihr guten Götter, wie viel leichter [zu ertragen] war es, als das, was ich wünschte?

(3.) Mit Vielen habe ich in Feindschaft gelebt und bin aus dem Hasse, wenn es anders unter Schlechten Freundschaft gibt, wieder zur Freundschaft zurückgekehrt; mir selbst [aber] bin ich noch kein Freund. Ich habe mir alle Mühe gegeben, mich aus der Menge hervorzuheben und durch irgend ein Talent bemerkbar zu machen; was Anderes habe ich davon, als daß ich mich den Geschossen ausgesetzt und dem Uebelwollen gezeigt habe, wo es mich packen könne? Siehst du jene Leute, die deine Beredtsamkeit preisen, deinem Reichthum nachgehen, um deine Gunst buhlen, deine Macht [in den Himmel] erheben? Sie alle sind deine Feinde, oder, was gleich ist, können es sein. Wie groß die Schaar der Bewunderer, so groß ist die der Neider.«

III.

(1.) Nun so will ich lieber Etwas suchen, was erprobt gut ist und wovon ich einen Genuß habe, nicht womit ich prunken könne; das, was man anschaut, wovor man stehen bleibt, was Einer dem Andern mit Erstaunen zeigt, das glänzt von Außen, inwendig [aber] ist's elend beschaffen. Laß uns [vielmehr] Etwas suchen, das nicht [blos] dem äußern Scheine nach gut, sondern gehaltvoll, gleichförmig und auf der verborgenen Seite selbst noch schöner ist. Das laß uns ausfindig machen; und es liegt nicht fern; es wird sich finden lassen; nur muß man wissen, wohin man die Hand ausstrecken soll. Jetzt gehen wir wie im Finstern am Naheliegenden vorüber und stoßen just an das an, was wir sehnlich verlangen.

(2.) Doch um dich nicht auf Umwegen herumzuschleppen, will ich die Ansichten Andrer übergehen; denn es wäre zu weitläufig sie aufzuzählen und zu widerlegen. Hier hast du die unsrige. Wenn ich aber sage »die unsrige,« so binde ich mich nicht an Einen von den Häuptern der Stoa; auch ich habe das Recht meine Meinung auszusprechen. Daher werde ich dem Einen beipflichten, einem Andern seine Ansicht im Einzelnen entwickeln heißen; vielleicht werde ich auch, nach allen Andern zum Sprechen aufgefordert, Nichts von dem, was meine Vorgänger entschieden haben, verwerfen und [blos] sagen: »Meine Meinung ist außerdem noch folgende.« Inzwischen stimme ich, worin alle Stoiker Eins sind, der Natur bei; von ihr nicht abzuirren und sich nach ihrem Gesetz und Beispiel zu bilden, ist Weisheit.

(3.) Glückselig also ist ein Leben, welches mit seiner Natur in Einklang steht; dies aber kann uns nicht anders zu Theil werden, als wenn zuerst der Geist gesund und in beständigem Besitz seiner Gesundheit ist; sodann wenn er kräftig und entschlossen, zudem sittlich rein und geduldig ist, sich den Zeitumständen fügt und für den Körper und alles dazu Gehörige besorgt ist, jedoch ohne Aengstlichkeit; ferner achtsam auf die übrigen Dinge, die zum Leben gehören, ohne Bewunderung irgend eines derselben, bereit die Gaben des Glückes zu benutzen, aber nicht ihnen zu fröhnen.

(4.) Du siehst, auch ohne daß ich es hinzufüge, ein, dem müsse [auch] eine beständige Ruhe und Freiheit folgen, da Alles verbannt ist, was uns entweder reizt oder schreckt. Denn an die Stelle der sinnlichen Genüsse und alles dessen, was kleinlich und hinfällig und gerade in seinen Schändlichkeiten unheilbringend ist, tritt eine unendlich große, unerschütterliche und sich gleich bleibende Freude, ferner Friede und Harmonie der Seele und Größe derselben mit Sanftmuth gepaart; alle Rohheit nämlich rührt [nur] aus Schwäche her.

IV.

(1.) Der Begriff unseres [höchsten] Gutes läßt sich auch noch anders bestimmen, d.h. der Gedanke bleibt derselbe, wird aber in andere Worte gefaßt. Gleichwie ein und dasselbe Heer bald weiter ausgebreitet, bald in's Enge zusammengezogen, und entweder mit eingebogenem Centrum zu einem Halbkreis formirt, oder in gerader Linie aufgestellt wird, wie es aber auch geordnet sei, seine Kraft und sein Wille für dieselbe Partei zu stehen derselbe bleibt: so kann auch die Begriffsbestimmung des höchsten Gutes bald verbreitert und ausgedehnt, bald zusammengefaßt und eingeschränkt werden.

(2.) Es wird also ganz dasselbe sein, wenn ich sage: Das höchste Gut ist eine das Zufällige geringschätzende, ihrer Tugend frohe Seele, oder: eine unüberwindliche Kraft der Seele, voll Erfahrung, ruhig im Handeln, reich an Menschenliebe und Sorge für die, mit denen man lebt. Man mag den Begriff auch so bestimmen, daß man denjenigen Menschen einen glückseligen nennt, dem Nichts ein Gut oder ein Uebel ist, als eine gute oder schlechte Seele, der ein Verehrer des Sittlichguten ist, dem seine Tugend genügt, den Zufälliges weder erhebt noch niederschlägt;

(3.) der kein größeres Gut kennt, als was er sich selbst geben kann, dem die Verachtung der Wollust ist. Will man noch weiter schweifen, so kann man eben demselben Begriffe noch eine und die andere Form geben, ohne daß der Sinn verletzt oder beeinträchtigt wird. Denn was hindert uns zu sagen, ein glückseliges Leben sei ein freier, hochgesinnter, unerschrockener und standhafter, über Furcht und Begierden erhabener Geist, für den es nur ein Gut gibt, Sittlichkeit, und nur ein Uebel, Unsittlichkeit?

(4.) Alles Uebrige ist ein werthloser Wust von Dingen, die dem glückseligen Leben weder irgend etwas entziehen, noch beifügen, und ohne Vermehrung oder Verminderung des höchsten Gutes kommen und gehen. Wenn dieses eine solche Grundlage hat, dann muß es, mag es wollen oder nicht, ununterbrochne Heiterkeit und hohe und dem Innersten entspringende Freude begleiten, die sich ja [nur] des Ihrigen erfreut und nichts Größeres wünscht, als was [schon] ihr Eigenthum ist. Wie sollte dies nicht die kleinlichen, armseligen und unbeharrlichen Triebe des elenden Körpers reichlich aufwiegen? An dem Tage, wo man dem Sinnengenusse unterliegt, wird man auch dem Schmerze unterliegen.

V.

(1.) Du siehst aber, in welch' einer schlimmen und unheilvollen Knechtschaft Einer stehen würde, den Sinnenlust und Schmerzen, die unzuverlässigsten und zügellosesten Herren, abwechselnd in Besitz hätten. Daher muß man sich losringen zur Freiheit; diese [aber] gewährt nichts Anderes, als Gleichgültigkeit gegen das Schicksal. Dann wird jenes unschätzbare Gut erwachsen, eine sicher gestellte Ruhe und Erhabenheit der Seele, eine nach Vertreibung alles Erschreckenden aus der Erkenntniß der Wahrheit entspringende hohe und ungestörte Freude, eine [stete] Freundlichkeit und Heiterkeit des Gemüths; und daran wird es sich erfreuen, nicht als an Gütern, sondern als an Früchten seines eigenen Schatzes.

(2.) Weil ich nun einmal [mit Begriffsbestimmungen] freigebig zu sein angefangen habe, [so definire ich weiter]: glückselig kann [auch] der genannt werden, der unter gütiger Leitung der Vernunft weder begehrt, noch fürchtet. Weil auch die Steine ohne Furcht und Traurigkeit sind und ebenso die Thiere, so wird sie doch deshalb Niemand glückselig nennen, da sie keine Erkenntniß ihrer Glückseligkeit haben. Dieselbe Stelle [aber] weise auch den Menschen an, welche ihr Stumpfsinn und ihr Mangel an Selbsterkenntniß der Zahl des Viehes und der Thiere beigesellt.

(3.) Es ist kein Unterschied zwischen Diesen und Jenen, weil diese gar keine Vernunft haben, jene aber eine falsche und zu ihrem eignen Schaden und auf verkehrtem Wege erfinderische. Glückselig nämlich kann

Niemand genannt werden, der so außer aller Wahrheit steht; ein glückseliges Leben ist also ein auf einem richtigen und sichern Urtheil ruhendes und unveränderliches. Dann nämlich ist die Seele rein und frei von allen Uebeln, wenn sie nicht nur Verletzungen, sondern auch Neckereien entgangen ist,

(4.) entschlossen, stets stehen zu bleiben, wo sie einmal Stand gefaßt hat, und ihren Platz auch gegen ein erzürntes und anfeindendes Geschick zu behaupten. Denn was die Sinnenlust betrifft, mag sie sich von allen Seiten her um uns ergießen, auf allen Wegen heranströmen und der Seele mit ihren Reizungen schmeicheln, mag sie ein Mittel nach dem andern anwenden, um unser ganzes Wesen und die einzelnen Theile desselben zu reizen, welcher Sterbliche, an dem nur noch eine Spur vom Menschen geblieben, würde wohl Tag und Nacht gekitzelt sein wollen, um mit Verwahrlosung der Seele dem Körper zu fröhnen?

VI.

(1.) »Aber auch die Seele, sagt man, wird doch ihre Genüsse haben.« Mag sie solche haben und Schiedsrichterin über Ueppigkeit und Freudengenüsse sein, mag sie sich anfüllen mit allem dem, was die Sinne zu ergötzen pflegt; darnach mag sie auf das Vergangene zurückschauen und der genossenen sinnlichen Freuden eingedenk über die früheren frohlocken, und nach den kommenden schon begierig verlangen, ihre Hoffnungen ordnen, und während der Körper schon jetzt auf der Mast liegt, ihre Gedanken im Voraus auf das Zukünftige lenken: sie wird mir dann um so elender erscheinen, weil Schlechtes statt Gutem zu wählen Wahnsinn ist.

(2.) Weder kann irgend Jemand ohne gesunden Verstand glückselig sein, noch gesunden Verstandes, wenn er nach dem Zukünftigen als nach dem Besten trachtet. Glückselig also ist, wer ein richtiges Urtheil hat, glückselig ist, wer mit dem Gegenwärtigen, wie es auch immer sei, zufrieden und mit seinen Verhältnissen befreundet ist, glückselig ist der, dessen ganze Lage seine Vernunft billigt; er sieht auch, welch' eine schimpfliche Stelle diejenigen dem höchsten Gute angewiesen, die es in jene [sinnlichen Genüsse] setzen. Sie sagen daher, das Vergnügen könne von der Tugend nicht getrennt werden und behaupten, es könne weder Jemand sittlich gut leben, ohne zugleich angenehm, noch angenehm, ohne zugleich sittlich gut zu leben.

(3.) Ich begreife nicht, wie man diese so ganz verschiedenen Dinge in Eins zusammenwerfen kann. Warum soll denn, ich bitte Euch, das sinnliche Vergnügen von der Tugend nicht getrennt werden können? Offenbar [sagt ihr], weil jedes Gut seine Quelle in der Tugend hat. [Allerdings] entstammt diesen Wurzeln auch das, was Ihr liebet und verlanget; allein wenn jene Dinge unzertrennlich wären, so würden wir nicht Manches sehen, was angenehm, aber nicht sittlich gut, Manches dagegen, was höchst sittlich, aber unangenehm und [nur] durch Schmerzen zu erringen ist.

VII.

(1.) Nimm noch hinzu, daß sinnliche Lust sich auch zu dem schändlichsten Leben gesellt, die Tugend aber ein schlechtes Leben gar nicht zuläßt, und Manche nicht ohne Sinnenlust, ja gerade der Sinnenlust wegen unglücklich sind; was nicht der Fall sein würde, wenn sich mit der Tugend die Sinnenlust verschmolzen hätte, welche der Tugend oft fehlt, ihr aber nie Bedürfniß ist. Warum stellt ihr Unähnliches, ja ganz Verschiedenes zusammen? Die Tugend ist etwas Hohes, Erhabenes, Königliches, Unüberwindliches, Unermüdliches; das sinnliche Vergnügen etwas Niedriges, Sklavisches, Ohnmächtiges, Hinfälliges, dessen Aufenthalt und Heimat Hurenhäuser und Garküchen sind.

(2.) Die Tugend wirst du im Tempel finden, auf dem Forum, in der Furie, vor den Mauern stehend, mit Staub bedeckt, von frischer Gesichtsfarbe, mit schwieligen Händen; das sinnliche Vergnügen öfters versteckt und die Finsterniß suchend, um Badehäuser und Schwitzstuben und Orte her, die den Adel fürchten, weichlich, entnervt, von Wein und Salben triefend, bleich oder geschminkt und durch Schönheitsmittel zugestutzt.

(3.) Das höchste Gut ist unsterblich, es kann nicht untergehen, es bringt weder Ueberdruß noch Neue mit sich; denn der rechte Sinn wandelt sich nie, noch ist er sich selbst zuwider, und da er der beste ist, hat er auch an sich nie Etwas geändert. Das sinnliche Vergnügen aber erlischt gerade dann, wenn es am höchsten ergötzt; es hat keinen weiten Spielraum; daher füllt es ihn auch schnell aus, verursacht Ueberdruß und ermattet nach dem ersten Anlauf. Auch ist eine Sache nie zuverlässig, deren Natur in [beständiger] Bewegung ist; und so kann auch das nichts Wesentliches sein, was ebenso schnell vorübergeht, als kommt, und während seines Genusses selbst zerrinnt. Denn es gelangt zu dem

Punkte, wo es aufhören muß, und indem es beginnt, deutet es [schon] auf sein Ende hin.

VIII.

(1.) Und haben den Genuß des sinnlichen Vergnügens die Schlechten nicht ebenso wohl als die Guten? auch ergötzen die Lasterhaften ihre Schändlichkeiten nicht weniger, als die Sittlichguten ihre edeln Thaten. Daher schrieben die Alten vor, man solle dem besten, nicht dem angenehmsten Leben nachgehen, so daß das Vergnügen nicht der Führer, sondern der Begleiter einer rechtschaffenen und edeln Gesinnung sein soll. Denn die Natur muß man zur Führerin nehmen; auf sie richtet die Vernunft ihr Augenmerk, bei ihr holt sie sich Rath. Glückselig und naturgemäß leben ist also eins und dasselbe.

(2.) Was dies [letztere] heiße, will ich jetzt erklären. [Wir leben also naturgemäß] wenn wir die körperlichen Gaben und was unsrer Natur angemessen ist, sorgfältig und unerschrocken hüten als Etwas, das uns [nur] auf Zeit gegeben und flüchtig ist, wenn wir uns nicht in ihre Sklaverei begeben und nicht etwas unserm Wesen Fremdes uns in seine Gewalt gebracht hat, wenn das, was dem Körper angenehm ist und uns von Außen zukommt, in unsern Augen dasselbe gilt, was im Lager die Hülfsvölker und leichten Truppen. Selbiges mag uns dienen, aber nicht gebieten; nur dann ist es unserm geistigen Wesen von Nutzen. Ein Mann bleibe von Aeußerlichkeiten unverführt und unüberwältigt, nur ein Bewunderer seiner selbst, voll Zuversicht des Herzens, auf beide Fälle gerüstet, und der eigne Bildner seines Lebens. Sein Selbstvertrauen sei nicht ohne Einsicht, seine Einsicht nicht ohne Festigkeit; er halte fest an dem einmal Gutgeheißenen und in seinen Entschlüssen finde keine Aenderung Statt.

(3.) Man wird, auch wenn ich es nicht [ausdrücklich] hinzufüge, einsehen, daß ein solcher Mann geregelt und geordnet sein werde und in dem, was er thut, hochherzig und mild zugleich. Eine gesunde Vernunft wird mit seinen Empfindungen verwachsen sein und davon ausgehen, denn er hat nichts Anderes, wovon er bei seinen Handlungen ausgehe, woher er den Antrieb zur Wahrheit nehme und wodurch er zur Rückkehr zu sich selbst veranlaßt werde. Denn auch die das ganze Weltall, [kurz] Alles umfassende, Alles regierende Gottheit richtet zwar ihre Thätigkeit nach Außen, kehrt aber doch im Ganzen von überall her in sich selbst zurück.

(4.) Dasselbe soll unser Geist thun, wenn er, seinen Gefühlen folgend, durch dieselben sich auf die Außenwelt gerichtet hat; es sei sowohl ihrer als seiner selbst mächtig. Auf diese Weise wird zugleich eine Macht und Gewalt geschaffen werden, die mit sich selbst in Einklang steht, und jene sichere, in Meinungen, Begriffen und Ueberzeugungen weder sich widersprechende noch schwankende Vernunftansicht hervorgehen. Hat sich diese geordnet, allen Theilen nach in Uebereinstimmung gebracht und, so zu sagen, einen harmonischen Einklang gebildet, dann hat sie das höchste Gut erreicht.

(5.) Denn nichts Verkehrtes, nichts Unhaltbares ist mehr übrig, Nichts, wobei [der Mensch] straucheln oder wanken könnte. Dann wird er Alles nach seinem eignen Befehle thun und Nichts wird ihm unerwartet begegnen: sondern Alles, was er thut, wird leicht und rasch und ohne Zögern des Handelnden einen günstigen Ausgang haben. Denn Verdrossenheit und Unschlüssigkeit verräth einen Kampf und Uneinigkeit mit sich selbst. Daher kann man dreist behaupten, das höchste Gut sei Eintracht des Gemüths mit sich selbst. Denn da werden Tugenden vorhanden sein müssen, wo Uebereinstimmung und Einigkeit ist; [nur] die Laster sind in Zwiespalt mit einander.

IX.

(1.) »Aber auch du, wendet man ein, pflegt der Tugend nur deshalb, weil du irgend ein Vergnügen von ihr hoffst.« Zuerst wird die Tugend, auch wenn sie ein Vergnügen gewähren wird, doch nicht seinetwegen erstrebt; denn sie gewährt es nicht [allein], sondern sie gewährt es mit, und sie bemüht sich nicht darum, sondern ihre Bemühung wird, obgleich sie etwas ganz Anderes erstrebt, auch dieses mit erreichen. So wie auf dem Felde, das man für die Saat aufgepflügt hat, zwischen dieser auch manche Blumen mit aufwachsen, und man doch nicht dieser Pflänzchen wegen, so sehr sie auch das Auge ergötzen mögen, so viel Mühe aufgewendet hat,

(2.) - die Absicht des Säemannes war eine andre, dies ist [nur] hinzugekommen -: so ist auch das Vergnügen nicht der Lohn, noch der Beweggrund der Tugend, sondern eine Zugabe; denn weil es ergötzt, gefällt es, wenn es aber gefällt, so ergötzt es auch. Das höchste Gut liegt in dem Bewußtsein und dem Wesen einer völlig edeln Seele, und wenn diese ihre Aufgabe erfüllt und sich in ihre Grenzen eingeschlossen hat, so ist das höchste Gut vollständig errungen und sie verlangt Nichts weiter. Denn über das Ganze hinaus gibt es Nichts, so wenig als über das Ende hinaus. Daher bist du schon im Irrthum, wenn du fragst, was es sei, weshalb ich nach der Tugend strebe; denn du fragst nach Etwas, das über dem Höchsten stände.

(3.) Du fragst, welchen Gewinn ich aus der Tugend ziehen will? Sie selbst; denn sie hat nichts Besseres, sie ist sich selbst ihr Preis. Ist das etwa nicht großartig genug? Wenn ich dir sage: das höchste Gut ist eine unbeugsame Beharrlichkeit, Vorsicht, Schärfe, Gesundheit, Freiheit, Harmonie und Schönheit der Seele, verlangst du dann noch etwas Größeres, worauf jenes alles abzielen müsse? Was erwähnst du mir das sinnliche Vergnügen? Des Menschen Glück suche ich, nicht des Bauches, der beim Vieh und bei Bestien geräumiger ist.

X.

(1.) »Du stellst dich, sagt man, als verständest du nicht, was ich sage. Ich behaupte ja, es könne Niemand angenehm leben, wenn er nicht zugleich sittlich gut lebt. Dies aber kann nicht den sprachlosen Thieren begegnen, noch denen, die ihr Glück nach den Speisen abmessen. Klar und offen bezeuge ich, daß das Leben, welches ich ein angenehmes nenne, Niemandem zu Theil werden kann, wenn ihm nicht Tugend beigesellt ist.« Allein wer weiß nicht, daß auch die größten Thoren alle im vollsten Genusse eurer sinnlichen Freuden sind? daß die Schlechtigkeit Ueberfluß an Angenehmem hat und daß die Seele selbst nicht blos schlecht, sondern sogar viele schlechte Arten des Vergnügens verschaffe?

(2.) besonders Uebermuth, Selbstüberschätzung und Aufgeblasenheit, die sich über alle Anderen erhebt, und blinde, umsichtlose Vorliebe für das Eigene, zerfließende Weichlichkeit, ausgelassene Freude aus den kleinlichsten und [völlig] kindischen Veranlassungen, ferner Geschwätzigkeit und an Schmähungen sich ergötzenden Stolz, Unthätigkeit und Zerfahrenheit eines trägen, über sich selbst einschlafenden Geistes.

(3.) Dies Alles beseitigt die Tugend; sie zupft dich beim Ohre und prüft erst den Weg des Vergnügens, ehe sie es zuläßt, und wenn sie auch Eins und das Andere gebilligt hat, so legt sie doch keinen Werth darauf (genug, daß sie es zuläßt) und ist nicht über den Genuß desselben, sondern über die Mäßigung darin erfreut. Wenn aber die Mäßigung das Vergnügen vermindert, so ist sie ja ein Frevel am höchsten Gut. Du umfassest das Vergnügen, ich beschränke es; du genießest das Vergnügen, ich mache Gebrauch davon; du hältst es für das höchste Gut, ich nicht einmal für ein Gut; du thust Alles des Vergnügens wegen, ich Nichts. Wenn ich sage, daß ich Nichts des Vergnügens wegen thue, so spreche ich dies im Sinne des Weisen, dem du doch allein Vergnügen zugestehst.

XI.

(1.) Den aber nenne ich nicht einen Weisen, über welchem noch irgend Etwas steht, geschweige gar das Vergnügen. Wenn er nun aber von diesem eingenommen ist, wie wird er der Anstrengung und Gefahr, der Armuth und so vielen Drohungen, die des Menschen Leben umschwirren, Widerstand leisten? wie wird er den Anblick des Todes, wie den des Schmerzes ertragen? wie das Krachen der Welt und eine solche Menge der heftigsten Feinde? etwa als ein von einem [so] weichlichen Gegner Besiegter? Alles, was das Vergnügen ihm anrathen wird, wird er thun. Ei nun, siehst du nicht, wie Vieles dasselbe anrathen wird? »Es kann, sagt man, nichts Schimpfliches anrathen, weil es der Tugend beigesellt ist.« Nun da siehst du abermals, was für ein höchstes Gut das ist, dem ein Wächter von Nöthen, damit es ein Gut sei.

(2.) Wie aber wird die Tugend ein Vergnügen beherrschen können, dem sie nachgeht, da das Nachgehen Sache des Gehorchenden, das Beherrschen aber Sache des Gebietenden ist? Stellest du das hinten hin, was gebietet? Ein vortreffliches Amt aber hat bei Euch die Tugend, das Vergnügen vorher zu kosten! Doch wir werden sehen, ob sich bei denen, welche die Tugend so schmählich behandeln, noch Tugend findet, die doch ihren Namen nicht mehr führen kann, wenn sie ihre Stelle aufgegeben hat. Unterdessen will ich dir, um was es sich ja [eigentlich] handelt, Viele zeigen, die von Vergnügungen umringt sind, auf welche das Glück alle seine Gaben ausgeschüttet hat, und von denen du doch eingestehen mußt, daß sie schlechte Menschen sind.

(3.) Betrachte einen Nomentanus und Apicius, welche die Güter der Länder und Meere, wie sie es nennen, zusammenlesen und die Thiere aller Nationen über Tische mustern. Siehe, wie Ebendieselben von ihrem Rosenlager aus nach ihrer Küche blicken, indem sie ihre Ohren an den Tönen des Gesanges, ihre Augen an Schauspielen, ihren Gaumen an Leckerbissen weiden. Mit sanften und linden Wärmemitteln wird ihr ganzer Körper gereizt, und damit unterdessen auch die Nase nicht feiere, so wird der Ort selbst, wo man der Ueppigkeit opfert, mit mancherlei Wohlgerüchen erfüllt. Von diesen wirst du doch gewiß sagen, daß sie im Vergnügen leben, und doch wird ihnen nicht wohl sein, weil sie ihre Freude an Etwas haben, was kein Gut ist.

XII.

(1.) »Es wird ihnen allerdings nicht wohl sein, erwidert man, weil so Manches dazwischen kommt, was ihren Geist verwirrt, und einander widersprechende Meinungen ihr Gemüth beunruhigen.« Das gebe ich zu; nichts destoweniger aber werden selbst jene thörichten, unbeständigen und den Stichen der Reue ausgesetzten Menschen großes Vergnügen genießen, so daß man einräumen muß, sie seien ebenso weit von allem Ungemach entfernt, wie von einer Gemüthsverfassung, und daß sie, was den Meisten begegnet, in einem heitern Wahnsinn leben und toll sind unter Lachen.

(2.) Die Vergnügungen der Weisen dagegen sind mäßig, bescheiden und fast matt und gedämpft und kaum äußerlich bemerkbar, da sie ja weder herbei gerufen kommen, noch, wenn sie auch von selbst gekommen sind, in besonderm Werthe stehen oder von den sie Genießenden mit irgend welcher Freude empfangen werden; denn sie mischen und schalten sie dem Leben ein, wie Spiel und Scherz unter den Ernst. Mögen sie also aufhören das nicht Zusammenpassende zu verbinden und in die Tugend Vergnügen zu verflechten, durch welchen Fehler sie [nur] den Schlechtesten schmeicheln.

(3.) Jener, der sich in Vergnügungen stürzt, immer rülpsend und berauscht, glaubt, weil er in vergnügen zu leben versteht, auch in Tugend zu leben; denn er hört ja, das Vergnügen lasse sich von der Tugend nicht trennen; dann gibt er seinen Lastern den Titel der Weisheit und bekennt sich laut zu Dingen, die er verbergen sollte. So führen sie denn ihr üppiges Leben, nicht vom Epikur veranlaßt, sondern den Lastern ergeben, verstecken sie ihre Ueppigkeit im Schooße der Philosophie und laufen dahin zusammen, wo sie das Vergnügen preisen hören.

(4.) Und man schätzt den Werth jenes Vergnügens des Epikur (denn wahrhaftig so denke ich) nicht [berücksichtigend], wie nüchtern und trocken es sei; sondern zu seinem Namen eilt man herbei, indem man für seine Lüste irgend einen Schirm und Schleier sucht. So verlieren sie auch noch das einzige Gute, was sie bei ihrer Schlechtigkeit hatten, die Scheu zu sündigen. Denn [nun] loben sie das, worüber sie erröthen sollten, und rühmen sich des Lasters; und daher kann sich auch die Jugend nicht wieder aufraffen, da der schändliche Müßiggang einen ehrbaren Titel bekommen hat.

XIII.

(1.) Das ist der Grund, warum jenes Lobpreisen des Vergnügens verderblich ist, weil sich nämlich die sittlich guten Vorschriften im Innern [der Lehre] verbergen, das Verführerische aber [Allen] sichtbar ist. Ich nun bin der Meinung (die ich, auch wenn es meinen Genossen nicht recht sein sollte, hier aussprechen will), daß Epikur reine und richtige Vorschriften ertheilt, ja, wenn man näher hinzutritt, sogar strenge; denn jenes Vergnügen kommt auf etwas sehr Kleines und Winziges hinaus und dasselbe Gesetz, das wir für die Tugend aufstellen, stellt er für das Vergnügen auf.

(2.) Er befiehlt, daß es der Natur gehorche; was aber der Natur genügt, ist für die Ueppigkeit viel zu wenig. Wie steht es also? Jeder, der träge Muße und abwechselnde Genüsse des Gaumens und der Wollust Glückseligkeit nennt, suchte für eine schlechte Sache einen guten Gewährsmann, und während er, von einem schmeichelnden Namen angezogen, zu ihm kommt, geht er dem Vergnügen nach, nicht dem, von welchem er [sprechen] hört, das er [schon] mitbrachte; und hat er einmal angefangen zu glauben, seine Laster stimmten zu den Lehren, so fröhnt er ihnen nicht [mehr] schüchtern noch geheim; nein er schwelgt von da an mit frei erhobenem Haupte. Daher sage ich nicht, wie die Meisten der Unsrigen, Epikur's Schule sei eine Lehrerin schändlicher Handlungen, sondern das sage ich: sie steht in einem schlechten Rufe, sie ist verschrieen, doch mit Unrecht.

(3.) Wer kann das wissen, als ein völlig Eingeweihter? Schon das Aeußere selbst gibt Veranlassung zum Gerede und veranlaßt zu schlimmen Erwartungen. Es ist gerade so, wie ein tapferer Mann in ein Frauenkleid gesteckt. Wenn du dir gleich bleibst, so ist [der Glaube an] die Wahrheit deiner Keuschheit gerettet; nie gibst du deinen Körper der Entehrung Preis, aber [dennoch] führst du in der Hand das Tambourin. Wähle man also einen ehrbaren Namen und eine Aufschrift, die selbst [schon] das Gemüth anregt die Laster wegzutreiben, welche sogleich entnerven, wenn sie angezogen kommen.

(4.) Jeder, der zur Tugend hingetreten ist, gibt Hoffnung auf eine edle Natur, wer [aber] dem sinnlichen Vergnügen nachgeht, der erscheint als ein entnervter, gebrochner, entarteter Mann, der [gewiß] dem Schandbaren verfallen wird, wenn ihm nicht Jemand den Unterschied der Vergnügungen auseinandersetzt, damit er erfahre, welche davon innerhalb der Schranken des natürlichen Verlangens stehen bleiben, und welche kopfüber stürzen und kein Ziel finden, sondern um so unersättlicher werden, je mehr ihnen gewährt wird. Wohlan denn, die Tugend gehe uns voran: dann wird jeder Schritt ein sicherer sein. Auch schadet übertriebenes Vergnügen: bei der Tugend aber ist nichts zu befürchten, daß irgend Etwas übertrieben sei, weil das Maß in ihr selbst liegt. Das ist kein Gut, was durch seine eigne Größe zu leiden hat.

XIV.

(1.) Was ferner kann denen, die eine auf Vernunft gegründete Natur empfangen haben, Besseres geboten werden, als die Vernunft? Und wenn dir diese Verbindung lieb ist, [wenn es dir gefällt, in dieser Begleitung den Weg zu einem glückseligen Leben zu wandeln], so gehe die Tugend voran, das Vergnügen [aber] begleite dich und umschwebe den Körper, wie der Schatten. Die Tugend, das Erhabenste von Allem, dem Vergnügen als Magd dahinzugeben, ist Sache eines Menschen, dessen Geist nichts zu fassen vermag. Die Tugend sei [stets] voran, sie trage die Fahne: wir werden nichts desto weniger Vergnügen haben, aber Gebieter und Regierer desselben sein; es wird durch Bitten Einiges von uns erlangen, aber Nichts erzwingen.

(2.) Diejenigen jedoch, welche dem Vergnügen die erste Stelle eingeräumt haben, entbehren Beides; denn die Tugend lassen sie fahren, das Vergnügen aber haben nicht sie, sondern das Vergnügen hat sie selbst, und sie werden entweder durch Mangel daran gequält, oder durch Ueberfluß erstickt. O die Unglücklichen, wenn sie davon verlassen, die noch Unglücklicheren, wenn sie damit überschüttet werden! so wie die in ein Meer voll Untiefen Gerathenen bald auf dem Trocknen sitzen bleiben, bald auf reißenden Wogen hin und her treiben.

(3.) Dies aber begegnet bei zu großem Mangel an Mäßigung und Vorliebe für etwas Eiteles; denn für den, welcher Schlechtes statt Gutem erstrebt, ist es gefährlich es zu erreichen. Wie wir auf wilde Thiere mit Anstrengung und Gefahr Jagd machen und selbst, wenn sie gefangen, ihr Besitz eine mißliche Sache ist (denn oft zerfleischen sie ihre Herzen): so pflegen die, welche großes Vergnügen haben, in großes Uebel zu gerathen und die erjagten Vergnügungen haben sie gefangen genommen. Je zahlreicher und größer diese sind, desto kleiner und desto Mehrer Sklav ist der, welchen der große Haufe glücklich nennt.

(4.) Ich will noch länger bei diesem Bilde verweilen. Gleichwie der [Jäger], welcher die Lagerstätten des Wildes aufspürt, und hohen Werth darauf legt, »das Wild in der Schlinge zu fahn« und »rings mit Hunden den mächtigen Forst zu umstellen« um ihrer Spur zu folgen, wie er das

Wichtigere im Stich läßt und vielen Geschäften entsagt: so setzt der, welcher dem Vergnügen nachjagt, alles [Andere ihm] nach, und achtet vor Allem seine Freiheit nicht, sondern bringt sie dem Bauche zum Opfer, und erkauft sich nicht Vergnügungen, sondern verkauft sich an sie.

XV.

(1.) »Was jedoch hindert, sagt man, Tugend und Vergnügen zu verschmelzen und so das höchste Gut zu schaffen, daß Eins und Dasselbe zugleich sittlich gut und angenehm sei?« - Weil ein Theil der sittlichen Vollkommenheit selbst nicht anders, als sittlich gut sein kann, und höchste Gut die ihm eigenthümliche Reinheit nicht besitzen wird, wenn es Etwas an sich bemerkt, was dem Edleren unähnlich ist. Nicht einmal die Freude, welche aus der Tugend entspringt, bildet, obgleich sie etwas Gutes ist, einen Theil des an und für sich Guten, ebenso wenig, als Fröhlichkeit und Ruhe der Seele, auch wenn sie aus den schönsten Ursachen hervorgehen.

(2.) Dies sind nämlich allerdings Güter, aber solche, die aus dem höchsten Gute entspringen, nicht aber dasselbe ausmachen. Wer aber eine Verschmelzung von Tugend und Vergnügen bewirkt und nicht einmal zu gleichen Theilen, der stumpft durch die Gebrechlichkeit des einen Gutes auch alle Lebenskraft, die sich im andern findet, ab und bringt die Freiheit, die nur dann unüberwindlich ist, wenn sie Nichts kennt, das größeren Werth hat, als sie selbst, in Sklaverei. Denn - was eben die äußerste Knechtschaft ist - das Glück fängt an ihr zum Bedürfniß zu werden; die Folge davon ist ein ängstliches, verdachtvolles, vor Zufällen zitterndes und bebendes Leben; jeder Augenblick ist voll banger Erwartung.

(3.) Da gibst du der Tugend keinen festen, unerschütterlichen Grund und Boden, sondern heißest sie auf einem wandelbaren Standpunkt stehen. Was aber ist so wandelbar, als die Erwartung des Zufälligen und die Veränderlichkeit des Körpers und der auf ihn einwirkenden Dinge? Wie kann Einer der Gottheit gehorchen und Alles, was ihm auch begegnen mag, mit ruhigem Gemüth aufnehmen, ohne bei günstiger Auslegung der ihn treffenden Unfälle über sein Geschick zu klagen, wenn er durch die leisesten Berührungen von Freuden und Leiden erschüttert wird? Aber nicht einmal ein guter Beschützer und Vertheidiger seines Vaters, noch ein Beschirmer seiner Freunde kann er sein, wenn er [blos] den Vergnügungen nachhängt.

(4.) Daher muß das höchste Gut sich auf einen Punkt erheben, von wo es durch keine Gewalt herabgezogen werden kann, wohin weder der Schmerz, noch die Hoffnung, noch die Furcht Zutritt hat, noch irgend Etwas, was das Recht des höchsten Guts beeinträchtigen könnte. Dahin aber kann sich einzig und allein die Tugend erheben; [nur] durch Schritthalten mit ihr muß jene Anhöhe bewältigt werden; sie wird mannhaft stehen und was auch kommen mag, nicht blos duldend, sondern selbst willig ertragen, und überzeugt sein, daß jede schwierige Lage ein Naturgesetz sei.

(5.) Und wie ein braver Soldat seine Wunden ertragen, seine Narben aufzählen und von Pfeilen durchbohrt noch sterbend den Feldherrn lieben wird, für den er fällt: so wird er jenes alte Gebot im Herzen tragen: folge der Gottheit. Wer aber klagt und weint und seufzt, wenn er das Befohlene thun soll, der wird dennoch durch Gewalt dazu gezwungen und wider Willen zur [Ausführung] der Befehle fortgerissen. Ist es aber nicht Unsinn, sich lieber hin schleppen zu lassen, als willig zu folgen?

(6.) Wahrlich, eben so, wie es Thorheit und Verkennung seiner Lage ist, zu trauern, wenn dir etwas Härteres zustößt, oder wenn du dich verwunderst und unwillig bist, daß du ertragen sollst, was Guten wie Schlechten begegnet, ich meine Krankheiten, Todesfälle, Gebrechlichkeit und was sonst Widerwärtiges in's menschliche Leben eindringt. Alles, was nach der Einrichtung des Weltalls zu erdulden ist, laß uns mit hohem Geiste auf uns nehmen; wir sind ja zu dem Schwure verpflichtet worden, das Loos der Sterblichen zu ertragen und uns durch das nicht in Verwirrung setzen zu lassen, was zu vermeiden nicht in unserer Macht steht. Wir sind in einem Königreiche geboren: der Gottheit zu gehorchen, ist Freiheit.

XVI.

(1.) Also in der Tugend liegt die wahre Glückseligkeit. Welchen Rath nun wird dir diese Tugend ertheilen? Daß du Nichts für ein Gut oder für ein Uebel halten sollst, was dir weder durch Tugend, noch durch Lasterhaftigkeit zu Theil werden kann; sodann, daß du unerschütterlich seiest, selbst einem aus dem Guten hervorgehenden Uebel gegenüber, daß du dich, so weit dies erlaubt ist, der Gottheit nachbildest. Was [aber] verheißt sie dir für dies Unternehmen? Etwas ungemein Großes und Göttergleiches. Du wirst zu Nichts gezwungen werden; du wirst keines Menschen bedürfen; du wirst frei, sicher, schadlos sein; Nichts wirst du vergebens versuchen, an Nichts wirst du verhindert sein; Alles wird dir nach Wunsch gelingen, nichts Widerwärtiges wird dir begegnen, Nichts gegen deine Erwartung und deinen Wunsch.

(2.) Wie also? Genügt die Tugend, um glückselig zu leben? Warum sollte sie, die vollendete und göttliche, nicht genügen, ja mehr als genug sein? Denn was kann dir, der über jedes Verlangen hinaus ist, fehlen? was braucht der von Außen, der alles Eigenthum in sich selbst gesammelt hat? Dennoch ist dem, der nach der Tugend strebt, wenn er auch schon weit vorgeschritten ist, manche Gunst des Schicksal nöthig, da er noch mit menschlichen Verhältnissen ringt, bis er einmal jenen Knoten und jede Fessel der Sterblichkeit löst. Worin also besteht der Unterschied? Darin, daß Einige angebunden, Andere gefesselt, Andere auch noch geknebelt sind. Wer nach Oben emporgedrungen ist und sich höher erhoben hat, trägt, zwar noch nicht frei, aber doch schon so gut als frei zu achten, [nur] eine schlaffe Kette.

XVII.

(1.) Da möchte nun Einer von denen, welche die Philosophie anbellen, wie sie zu thun pflegen, sagen:»Warum also sprichst du denn kräftiger, als du lebst? Warum ordnest du dich in deinen Worten einem Vornehmeren unter, achtest das Geld für ein dir nothwendiges Mittel, wirst durch einen Verlust beunruhigt, vergießest bei der Nachricht vom Tode deiner Gattin oder eines Freundes Thränen, achtest auf den Ruf und lässest dich durch boshafte Reden anfechten?

(2.) Warum ist dein Feld besser angebaut, als es das natürliche Bedürfniß erheischt? warum speisest du nicht nach deiner eigenen Vorschrift? warum hast du glänzenden Hausrath? warum wird bei dir Wein getrunken, der älter ist, als du selbst? wozu wird er nach Jahrgängen geordnet? wozu werden Bäume gepflanzt, die Nichts als Schatten geben werden? warum trägt deine Frau das ganze Vermögen eines wohlhabenden Hauses an ihren Ohren? warum ist deine Dienerschaft in so kostbare Kleider gehüllt? warum ist es eine Kunst, bei dir aufzuwarten, und warum wird das Silbergeräth nicht so zufällig und wie es gerade beliebt, aufgestellt, sondern [bei Tische] kunstgerecht aufgewartet? und warum gibt es [bei dir] einen Meister in der Kunst das Fleisch zu zerlegen?«

(3.) Füge, wenn du willst, noch hinzu:»Warum hast du Besitzungen jenseits des Meeres? warum mehr, als du kennst? Zu deiner Schande bist du entweder so nachlässig, daß du deine wenigen Sklaven nicht kennst, oder so verschwenderisch, daß du eine größere Anzahl hast, als daß dein Gedächtniß ausreichte, sie zu kennen.« Ich will dir [selbst] später noch helfen; ich will mir [selbst] Vorwürfe machen, und mehr, als du glaubst: für jetzt antworte ich dir [nur] Folgendes: Ich bin kein Weiser und - um deinem Uebelwollen noch Nahrung zu geben - werde es auch nie sein.

(4.) Fordere also von mir nicht, daß ich den Besten gleich sei, sondern [nur] besser, als die Schlechten. Das ist mir [schon] genug, wenn ich täglich Etwas von meinen Fehlern ablege und mir meine Verirrungen vorwerfe. Ich bin noch nicht zur Gesundheit gelangt und werde auch nicht dazu gelangen; ich bereite mir mehr Linderungs- als Heilmittel für mein Podagra, zufrieden damit, wenn es mich seltener befällt und weniger sticht. Freilich mit eurem Fußwerk verglichen bin ich Gebrechlicher [noch] ein Läufer.

XVIII.

(1.) Das spreche ich nicht in meinem Namen, denn ich treibe [noch] auf dem Meere aller Laster; sondern im Namen eines Solchen, der schon Etwas ausgerichtet hat. »Anders, sagt man, sprichst, anders lebst du.« Dies, ihr böswilligen und gerade den Trefflichsten am feindlichsten gesinnten Menschen, hat man dem Plato, dem Epikur, dem Zeno vorgeworfen. Denn diese alle sprachen ja nicht davon, wie sie selbst lebten, sondern wie man leben sollte. Von der Tugend spreche ich, nicht von mir, und wenn ich die Laster schmähe, so schmähe ich zuerst meine eigenen: wenn ich es im Stande sein werde, werde ich schon so leben, wie man soll.

(2.) Und jene tief in Gift getauchte Böswilligkeit soll mich nicht von dem Trefflichsten abschrecken; selbst jenes Gift, womit Ihr Andere bespritzet, Euch [selbst aber] tödtet, soll mich nicht hindern fortzufahen ein Leben zu preisen, nicht wie ich es führe, sondern wie ich weiß, daß es geführt werden müsse, noch der Tugend, wenn auch in gewaltigem Abstande, wankend nachzugehen.

(3.) Soll ich denn etwa erwarten, daß irgend Etwas von der Böswilligkeit unangetastet bleibe, welcher weder ein Rutilius noch ein Cato heilig war? Warum sollte nicht Leuten, denen [selbst] der Cyniker Demetrius nicht arm genug ist, Jemand allzu reich vorkommen? Der äußerst strenge Mann, der gegen alle Bedürfnisse der Natur kämpfte, der ärmer war, als alle übrigen Cyniker, weil er, wenn er sich Etwas zu besitzen versagte, es sich auch zu wünschen verbot, der, sagen sie, sei nicht arm genug gewesen. Siehst du wohl? er ist nicht [nur] als Lehrer der Tugend, sondern [auch] der Armuth aufgetreten.

XIX.

(1.) Man sagt, Diodorus, ein Epikurischer Philosoph, der vor wenigen Tagen seinem Leben mit eigener Hand ein Ende machte, habe nicht nach Epikur's Grundsätzen gehandelt, als er sich die Kehle abschnitt. Die Einen wollen seine That für Wahnsinn angesehen wissen, die Andern für Unbesonnenheit. Er indessen hat glückselig und voll guten Gewissens, als er vom Leben schied, sich selbst ein Zeugniß ausgestellt und die Ruhe eines im Hafen und vor Anker liegend geführten Lebens gepriesen, indem er - was Ihr ungern hört, als müßtet ihr es auch so machen   -   sagte:
Nun denn, ich habe gelebt und die Bahn des Geschickes vollendet.

(2.) Ihr schwatzet über das Leben des Einen und über den Tod des Andern und bellt den Namen großer, durch irgend ein außerordentliches Lob ausgezeichneter Männer an, wie kleine Hunde, wenn ihnen unbekannte Leute in den Weg kommen. Denn es kommt Euch zu statten, wenn Niemand als gut erscheint, als ob fremde Tugend ein Vorwurf für eure Vergehungen wäre. Neidisch stellt Ihr das Strahlende neben Euern Schmutz und sehet nicht ein, mit welchem Nachtheil für Euch Ihr Solches wagt. Denn wenn die, welche der Tugend folgen, habsüchtig, wollüstig, ehrgeizig sind, was seid dann Ihr, denen sogar der Name der Tugend verhaßt ist? Ihr behauptet, es leiste Keiner das, was er anpreise, und es lebe Keiner nach dem Muster seiner Reden.

(3.) Was Wunder, da sie von heldenmüthigen, ungeheuern, alle Stürme des Menschenlebens überdauernden Thaten sprechen? da sie sich von dem Kreuze loszumachen streben, in welches Jeder von Euch selbst seine Nägel einschlägt? Zum Tode geschleppt, hängt doch Jeder von ihnen nur an einem Pfahle. Diejenigen aber, die selbst Strafe über sich verhängen, sind an eben so vielen Kreuzen ausgespannt, als Leidenschaften an ihnen zerren; und ihre bösen Zungen sind beim Lästern Anderer sehr witzig. Ich möchte glauben, sie würden das bleiben lassen, wenn nicht Manche noch vom Galgen herab die Zuschauer anspuckten.

XX.

(1.) Die Philosophen leisten nicht, was sie vortragen. Viel jedoch leisten sie [schon dadurch], daß sie es vortragen, daß sie das Sittlichgute im Geiste erfassen. Denn freilich wenn sie ganz dem gleich handelten, was sie sprechen, was gäbe es dann Glückseligeres, als sie? Inzwischen hat man keinen Grund, treffliche Worte und Herzen voll guter Gedanken zu verachten. Die Betreibung heilsamer Studien ist auch ohne thatsächliche Wirkung zu loben. Was Wunder, wenn die, welche sich an steile Höhen gewagt haben, den Gipfel nicht erreichen? Doch wenn du ein Mann bist, so achte die, welche Großes versuchen, auch wenn sie fallen.

(2.) Es ist ein edles Unternehmen, nicht seine Kräfte, sondern die seines Wesens [überhaupt] berücksichtigend Hohes zu wagen, zu versuchen, und im Geiste noch Größeres sich vorzunehmen, als selbst von den mit einem gewaltigen Geiste Ausgerüsteten vollführt werden kann. Wer folgenden Vorsatz fast: »Ich will mit derselben Miene den Tod [mir ankündigen] hören, womit ich ihn [bei Anderen] anschaue; ich will mich Mühsalen, wie groß sie auch sein mögen, unterziehen, den Körper durch den Geist stützend; ich will Reichthümer, sowohl vorhandene, als mir abgehende, auf gleiche Weise verachten, weder traurig, wenn sie wo anders [aufgehäuft] liegen, noch muthiger, wenn sie um mich her schimmern; ich werde es nicht merken, mag das Glück kommen oder entweichen; ich will alle Ländereien als mir, die meinigen als Allen gehörig betrachten; ich will so leben, als wüßte ich, ich sei für Andere geboren, und der Natur dafür danken;

(3.) denn auf welche andere Art konnte sie besser für mich sorgen?

XXI.

(1.) Wer [sage ich] so zu handeln sich vornimmt, entschlossen ist und den Versuch dazu macht, nimmt seinen Weg zu den Göttern, und wahrlich, wenn er auch nicht darauf bleibt, »schlägt doch rühmliches Wagniß ihm fehl«. Ihr freilich, die ihr die Tugend und ihre Verehrer hasset, thue nichts Ungewöhnliches; denn auch kranke Augen scheuen ja die Sonne und Thieren der Nacht ist das glänzende Tageslicht zuwider, bei dessen erstem Anbruch sie stutzen und allenthalben ihre Schlupfwinkel aufsuchen und lichtscheu in irgend eine Spalte sich verbergen. Seufzet und übet eure unselige Zunge im Schmähen der Guten; schnappet und beißet nach ihnen: ihr werdet viel eher eure Zähne abbrechen als eindrücken.

(2.) »Warum [saget ihr] ist jener ein Jünger der Philosophie und lebt doch als ein so Reicher? warum erklärt er Reichthümer für verächtlich und besitzt sie doch? das Leben für verächtlich und lebt doch? die Gesundheit für verächtlich und pflegt sie doch aufs sorgfältigste und wünscht sich die beste? Auch die Verbannung hält er für ein leeres Wort und sagt: Was ist es denn für ein Unglück, die Gegend zu wechseln? und gleichwohl wird er, wo möglich, im Vaterlande zum Greise. Auch zwischen längerer und kürzerer Zeit, meint er, sei kein Unterschied: und doch verlängert er, wenn ihn Nichts hindert, seine Lebenszeit und sieht sich noch in hohem Alter mit Vergnügen frisch.«

(3.) Ja, er erklärt, man müsse jene Dinge verachten, nicht damit man sie [überhaupt] nicht besitze, sondern damit man sie nicht mit Angst besitze; er scheucht sie nicht von sich hinweg, aber wenn sie ihn verlassen, sieht er ihnen sorglos nach. Reichthum zum Beispiel - wo soll ihn das Glück sichrer niederlegen, als da, wo er ihn ohne Klage des Zurückgebenden wieder abholen kann? Als Marcus Cato den Curius und Coruncanius und jenes Zeitalter pries, wo der Besitz von einigen Silberblechlein ein vom Censor zu ahndendes Verbrechen war, besaß er selbst vier Millionen Sesterzien, ohne Zweifel weniger als Crassus, aber mehr, als Cato Censorius; wenn man sie aber vergleicht, so übertraf er seinen Urgroßvater um eine viel größere Summe [des Vermögens], als er vom Crassus übertroffen wurde. Und wenn ihm noch größere Schätze zugefallen wären, er würde sie nicht verachtet haben; denn der Weise achtet sich keinerlei Gaben des Zufalls unwerth. Er liebt die Reichthümer nicht, aber er zieht sie [der Armuth] vor; er nimmt sie nicht in seine Seele, wohl aber in sein Haus auf, und er verschmäht sie nicht, wenn er sie besitzt, sondern hält sie zusammen und wünscht, daß seiner Tugend größere Mittel dargeboten werden.

XXII.

(1.) Kann aber ein Zweifel sein, daß ein Weiser im Reichthume größere Mittel besitzt seine Gesinnung zu entfalten, als in der Armuth? da ja bei dieser nur die eine Seite der Tugend sich äußern kann, sich nicht beugen und niederdrücken zu lassen, im Reichthum aber die Mäßigung, die Freigebigkeit, die Wirthschaftlichkeit, die gute Eintheilung und die Großherzigkeit sich ein weites Feld eröffnet sieht. Der Weise wird sich nicht verachten, wenn er auch von der kleinsten Statur ist: aber er wird doch wünschen, hohen Wuchses zu sein; auch schwächlichen Körpers und nach Verlust eines Auges wird er sich wohl befinden, wird aber dennoch Körperstärke zu besitzen wünschen,

(2.) jedoch so, daß er weiß, es gebe in ihm noch etwas Stärkeres. Kränklichkeit wird er ertragen, aber Gesundheit wünschen. Manches nämlich trägt, obgleich es für das Wesentliche der Sache geringfügig ist und ohne Vernichtung des Hauptgutes hinweggenommen werden kann, doch Etwas zu einer beständigen und aus der Tugend entspringenden Freudigkeit bei. Reichthum stimmt und erheitert den Weisen so, wie den Schiffenden günstiger Fahrwind, wie ein schöner Tag und ein sonniger Ort in Winterszeit und Frost.

(3.) Wer von den Weisen ferner, ich spreche von den Unsrigen, denen die Tugend für das einzige Gut gilt, leugnet, daß auch das, was wir gleichgültige Dinge nennen, einen gewissen inneren Werth habe und daß Eins wichtiger ist, als das Andere? Einigen davon wird etwas, Anderen viel Ehre erwiesen. Damit du also nicht irrest, Reichthum gehört zu den wichtigern Dingen.

(4.) »Warum also, sagst du, verlachst du mich, da er bei dir denselben Rang einnimmt, wie bei mir?« Willst du erfahren, wie er [bei mir] so gar nicht denselben Rang einnimmt? Mir wird der Reichthum, auch wenn er schwindet, Nichts entführen, als sich selbst: du [aber] wirst erstarrt sein und dir vorkommen, als seist du ohne dich selbst zurückgeblieben, wenn er von dir gewichen ist. Bei mir nimmt der Reichthum [allerdings] einen gewissen Rang ein, bei dir [aber] den höchsten und bedeutendsten; ich bin im Besitz des Reichthums, dich [aber] hat der Reichthum im Besitz.

XXIII.

(1.) Höre also auf den Philosophen [den Besitz] des Geldes zu verbieten: noch Niemand hat die Weisheit zur Armuth verdammt. Ein Philosoph mag reiche Schätze besitzen, aber solche, die keinem [Andern] entzogen, nicht mit fremdem Blute befleckt, ohne Unbill gegen irgend Einen und ohne schmutziges Geschäft erworben sind, deren Verausgabung eben so ehrenhaft ist, als ihr Zufluß, über die Niemand seufzt, als ein Uebelwollender. Häufe sie, so hoch du willst: sie sind ehrenhaft; und wenn auch Vieles dabei ist, was ein Jeder sein nennen möchte, so findet sich doch Nichts darunter, was Jemand sein Eigenthum nennen könnte.

(2.) Er wird allerdings die Wohlthätigkeit des Schicksals nicht von sich weisen und eines ehrlich erworbenen Vermögens sich weder rühmen, noch schämen. Und doch wird er auch einen Grund haben, sich desselben zu rühmen, wenn er, bei offnem Hause und Zulassung der ganzen Stadt zu seinen Gütern, sprechen kann: »Was Jeder als das seine erkennt, mag er wegnehmen.« O des großen und aufs Würdigste reichen Mannes, wenn er nach diesem Aufruf noch eben so viel besitzt; ich meine so: wenn er ruhig und sicher dem Volke das Durchsuchen [seiner

Habe] gestatten konnte, wenn Niemand Etwas bei ihm gefunden hat, woran er Hand legen konnte, dann mag er kecklich und offenkundig ein Reicher sein.

(3.) Der Weise wird keinen Groschen über seine Schwelle kommen lassen, der auf unrechte Weise eingänge; er wird aber ebenso auch große Schätze als ein Geschenk des Glücks und als eine Frucht seiner Tugend nicht verschmähen, noch ihnen den Zutritt versagen. Denn warum sollte er ihnen einen so guten Platz mißgönnen? Mögen sie kommen, mögen sie als Gäste einkehren. Er wird weder mit ihnen prunken, noch sie verstecken. Das Eine beweißt eine alberne, das Andere eine furchtsame und kleinliche Seele, als hielte sie ein großes Gut im Schooße. Er wird sie auch, wie ich schon sagte, nicht zum Hause hinauswerfen. Denn was sollte er dabei sagen? Etwa: »Ihr seid unnütz,« oder: »Ich verstehe es nicht, den Reichthum zu gebrauchen?«

(4.) So wie er, auch wenn er einen Weg zu Fuß machen kann, doch lieber einen Wagen besteigen wird: so wird er, wenn er, ein Armer, reich werden kann, allerdings Schätze wünschen und besitzen, aber als eine unbeständige und leicht wieder entfliehende Sache, und nicht zulassen, daß sie weder irgend einem Andern, noch ihm selbst drückend werden. Wie so? Er wird Schenkungen machen, Was spitzt ihr die Ohren? was öffnet ihr die Taschen? Er wird Schenkungen machen entweder an Gute oder an solche, die er gut machen kann. Er wird Schenkungen machen, indem er mit größter Ueberlegung die Würdigsten auswählt, weil er sich erinnert, daß man sowohl von dem Ausgegebenen, als dem Eingenommenen Rechenschaft geben muß. Er wird Schenkungen machen aus rechten und löblichen Beweggründen; denn wo es auf schändliche Weise weggeworfen wird, ist ein Geschenk übel angebracht. Er wird offene, aber nicht durchlöcherte Taschen haben, aus denen Vieles herausgeht, aber Nichts herausfällt.

XXIV.

(1.) Man irrt, wenn man glaubt, daß Schenken eine leichte Sache sei. Es hat große Schwierigkeiten, wenn man anders mit Ueberlegung gibt, nicht nach Zufall und Laune verschleudert. Um den Einen mache ich mich verdient, dem Andern gebe ich [nur]; dem Einen springe ich bei und erbarme mich seiner; den Andern beschenke ich, weil er es verdient, daß ihn die Armuth nicht herabwürdige und im Drucke halte. Manchen werde ich Nichts geben, auch wenn es ihnen fehlt; weil es ihnen, auch wenn ich gegeben hätte, [bald wieder] fehlen würde; Manchen [dagegen] werde ich es anbieten, Manchen sogar aufdringen. Ich kann hierin nicht nachlässig verfahren: niemals leihe ich mehr aus, als wenn ich schenke.

(2.) »Wie? sagst du, du schenkst, um es wieder zu verlangen?« Nein, um es nicht verloren zu geben. Mein Geschenk sei da niedergelegt, von wo es nicht zurückgefordert zu werden braucht, aber zurückgegeben werden kann. Eine Wohlthat muß so angebracht werden, wie ein tief vergrabener Schatz, den man nicht ausgräbt, es müßte denn nothwendig sein. Wie? Das Haus des reichen Mannes selbst - wie viel Gelegenheit hat es wohlzuthun! Denn wer beschränkt die Freigebigkeit blos römische Bürger? Den Menschen [überhaupt] zu nützen, befiehlt die Natur; ob es Sklaven oder Freie sind, Freigeborne oder Freigelassene, von gesetzlich erworbener, oder [nur] unter Freunden geschenkter Freiheit, welchen Unterschied macht das? Wo immer ein Mensch sich findet, da hat eine Wohlthat ihre Stelle.

(3.) Er kann daher sein Geld auch innerhalb seiner Schwelle verschenken und Freigebigkeit üben, die ihren Namen nicht davon hat, weil man Freien gibt, sondern weil sie aus einer freien Seele entspringt. Diese wird bei dem Weisen nie Schändlichen und Unwürdigen an den Hals geworfen, noch wird sie auf Irrwegen so erschöpft, daß sie nicht, wenn sie einen Würdigen findet, gleichsam aus dem Vollen strömen könnte. Ihr dürft also nicht falsch verstehen, was die Jünger der Weisheit so edel, muthig und beherzt sagen; und merket zuerst darauf:

(4.) Etwas Anderes ist Einer, der sich der Weisheit befleißigt, etwas Anderes Einer, der sie schon erlangt hat. Jener wird dir sagen: Ich spreche sehr schön, aber ich treibe mich noch unter vielem Schlechten herum; du darfst mich nicht nach meiner Regel [lebend] verlangen; ich arbeite eben noch an mir und bilde und erhebe mich nach einem hohen Vorbilde; bin ich erst so weit fortgeschritten, als ich mir vorgesetzt habe, dann verlange, daß meine Handlungen meinen Reden entsprechen. Wer aber das Höchste der menschlichen Güter bereits erreicht hat, wird anders mit dir verhandeln und sagen: Zuerst hast du gar kein Recht, dir ein Urtheil über Bessere zu erlauben: mir [aber] ist es bereits geglückt den Schlechten zu mißfallen, was ein Beweis des Rechten ist.

(5.) Doch, um dir Rechenschaft zu geben, was ich Keinem der Sterblichen verweigere, so höre, was ich verheiße und wie hoch ich jede Sache anschlage. Ich leugne, daß Reichthum ein Gut sei: denn wäre er es, so würde er die Menschen gut machen. Weil nun aber, was sich bei Schlechten findet, kein Gut genannt werden kann, so versage ich ihm

28

diesen Namen. Übrigens gestehe ich, daß man ihn besitzen darf, daß er nützlich ist und dem Leben viele Vortheile bringt.

XXV.

(1.) Wie nun weiter? Vernehmet jetzt, warum ich ihn nicht unter die Güter rechne, und was ich Anderes damit ausrichte, als ihr, weil wir nun einmal Beide darin übereinstimmen, daß man ihn besitzen dürfe. Stelle mich in das reichste Haus, stelle mich dahin, wo Gold- und Silber[geschirr] in gewöhnlichem Gebrauche ist; ich werde mir auf jene Dinge Nichts einbilden, die, wenn sie auch bei mir, doch außerhalb meiner sind. Versetze mich auf die Pfahlbrücke und stoße mich unter die Bettler: ich werde mich deshalb doch nicht verachten, weil ich in der Zahl derer sitze, die ihre Hand nach einem Almosen ausstrecken. Denn was liegt daran, ob mir der Bissen Brod fehle, da mir nicht [der Glaube] fehlt, daß ich sterben kann? Wie also steht es? Jenes glänzende Haus ist mir lieber, als die Brücke.

(2.) Stelle mich hin zwischen glänzenden Hausrath und üppigen Prunk: ich werde mich um Nichts glücklicher dünken, weil ich eine reiche Hülle trage, und meinen Gästen Purpurteppiche unterbreitet werden. Ich werde [aber auch] um Nichts elender sein, wenn mein müder Nacken auf einem Heubündel ruht, wenn ich auf einem Polster des Circus liege, wo durch die Nähte der alten Leinwand das Flockwerk herausbringt. Wie verhält sich's also? Ich will lieber in verbrämtem Kleide und Mantel zeigen, welche Gesinnung ich habe, als mit nackten oder nur halbbedeckten Schultern.

(3.) Möge mir jeder Tag nach Wunsch verfließen, mögen sich neue Freudenfeste an die früheren reihen: ich werde deshalb nicht wohlgefällig auf mich blicken. Laß sich diese Gunst der Verhältnisse in's Gegentheil verwandeln; möge von allen Seiten her mein Gemüth von Verlusten, Trauerfällen, mancherlei Angriffen erschüttert werden, möge keine Stunde ohne irgend eine Klage sein: ich werde mich deshalb unter dem größten Elend doch nicht elend nennen, deshalb keinen Tag verwünschen; denn es ist von mir dafür gesorgt worden, daß mir kein Tag ein unglückseliger sei. Wie also steht es? Ich will mich lieber in der Freude mäßigen, als den Schmerz unterdrücken.

(4.) So wird der berühmte Sokrates zu dir sprechen: »Mache mich zum Besieger aller Nationen; jener prachtvolle Wagen des Bacchus trage mich im Triumphe vom Sonnenaufgang nach Thebä [zurück], Könige mögen mich um das Recht der Penaten bitten: dann gerade will ich am meisten bedenken, daß ich ein Mensch bin, wenn man mich überall als einen Gott begrüßt.« Mit dieser schwindelnden Höhe stelle auf einmal eine jähe Wandelung zusammen: ich soll auf eines Andern Tragsessel gesetzt werden, um den Triumphzug eines übermüthigen und rohen Siegers zu verherrlichen: nicht niedriger werde ich sein, vor dem Wagen eines Andern hergetrieben, als ich auf dem meinigen stand.

(5.) Wie also steht es? Dennoch will ich lieber Sieger, als Gefangener sein. Das ganze Reich des Glücks laß mich verachten: und doch werde ich, wenn mir die Wahl gelassen wird, das Bessere daraus erwählen. Alles, was mir zukommen mag, wird gut sein; und doch wünsche ich lieber, daß mir Leichteres und Angenehmeres begegne und was dem, der damit zu thun hat, weniger zu schaffen macht. Denn du darfst nicht glauben, daß irgend eine Tugend ohne Anstrengung sei; aber einige Tugenden bedürfen der Sporen, andere des Zügels. Wie der Körper an einem jähen Abhang zurückgehalten, einer schroffen Abhöhe gegenüber angetrieben werden muß: so stehen einige Tugenden über einem jähen Abhange, andere unten an einer Anhöhe.

(6.) Ist es nun wohl zweifelhaft, daß Geduld, Seelenstärke, Ausdauer und welche Tugenden sonst noch sich den Widerwärtigkeiten entgegenzustellen und das Schicksal zu überwinden haben, emporstreben, sich dagegen stemmen und ankämpfen sollen? Wie? ist es nicht eben so offenbar, daß die Freigebigkeit, die Mäßigung und Sanftmuth eine abschüssige Bahn geht? Bei diesen nehmen wir das Gemüth zusammen, damit es nicht vorwärts stürze, bei jenen ermuntern und spornen wir es. Bei der Armuth müssen wir also jene entschlossensten [Tugenden] anwenden, die standhaft zu kämpfen verstehen, beim Reichthume [dagegen] jene vorsichtigern, die mit leisem Schritt auftreten und das eigene Gewicht hemmen.

XXVI.

(1.) Da nun einmal diese Theilung besteht, so will ich lieber von denjenigen [Tugenden] Gebrauch machen, die sich ruhiger üben lassen, als von denen, worin der Versuch Blut und Schweiß kostet. So lebe ich also, sagt der Weise, nicht anders, als ich rede, aber ihr versteht es anders. Nur der Klang der Worte bringt zu euern Ohren; was sie aber bedeuten, darnach fragt ihr nicht. Welcher Unterschied ist also zwischen mir, dem Thoren, und dir, dem Weisen, wenn wir Beide zu besitzen wünschen?

Ein gar großer. Bei dem Weisen nämlich steht der Reichthum in Dienstbarkeit, bei dem Thoren übt er die Herrschaft. Der Weise gestattet dem Reichthum Nichts, euch gestatten die Reichthümer Alles.

(2.) Ihr gewöhnt und hänget euch daran, als ob euch Jemand den ewigen Besitz derselben versprochen hätte; der Weise denkt gerade dann am meisten über die Armuth nach, wenn er mitten im Reichthum sitzt. Nie traut ein Feldherr so dem Frieden, daß er sich nicht auf den Krieg gefaßt mache, der, wenn er auch [noch] nicht geführt wird, doch erklärt ist. Euch Uebermüthige setzt ein schönes Haus außer euch, als ob es nicht verbrennen oder einstürzen könnte, euch Schätze, als ob sie über alle Gefahr hinaus und größer wären, als daß das Geschick Macht genug hätte, sie zu verzehren.

(3.) Sorglos spielt ihr mit eurem Reichthum und trefft keine Vorkehrungen gegen die ihm drohenden Gefahren, so wie Barbaren, wenn sie eingeschlossen und ohne Kenntniß der Kriegsmaschinen sind, der Arbeit der Belagerer meist lässig zuschauen und nicht begreifen, worauf jene, die in der Ferne aufgestellt werden, abzielen. Dasselbe begegnet euch; ihr träumet hin in eurem Besitze und bedenket nicht, wie viele Unfälle von allen Seiten her drohen, welche jeden Augenblick kostbare Beute davontragen können. Wer dem Weisen seinen Reichthum nimmt, wird ihm doch das Seinige alles lassen; denn er lebt der Gegenwart, froh und unbekümmert um die Zukunft.

(4.) »Ich habe mich, sagt Sokrates oder irgend ein Anderer, der gegen menschliche Zufälle dieselbe Macht und Gewalt hat, von Nichts mehr überzeugt, als daß ich meinen Lebensweg nicht nach euern Meinungen bestimmen darf. Bringet von überall her eure gewohnten Worte herbei: ich werde nicht glauben, daß ihr schmähet, sondern gleich elenden Kindern wimmert.« So wird der Mann sprechen, dem Weisheit zu Theil geworden ist, dem sein von Gebrechen freies Gemüth auf Andere schelten heißt, nicht weil er sie haßt, sondern zur Abwehr.

(5.) Diesem wird er noch Folgendes beifügen: »Eure Achtung kümmert mich nicht meinet-, sondern euretwegen, weil Ungemach zu hassen und die Tugend anzutasten ein Aufgeben [jeder] guten Hoffnung ist. Ihr thut mir kein Unrecht an, eben so wenig als den Göttern diejenigen, welche ihre Altäre umstürzen; allein euer böser Vorsatz und euer böser Rathschluß wird auch da offenbar, wo er nicht schaden konnte. Eure Faseleien ertrage ich ebenso, wie der allgütige Jupiter die Albernheiten der Dichter, von denen der Eine ihm Flügel beigelegt hat, ein Anderer Hörner,

(6.) der Eine ihn als Ehebrecher und Nachtschwärmer aufgeführt hat, ein Anderer als grausam gegen die Götter, ein Anderer als unbillig gegen die Menschen, der Eine als Verführer geraubter und obendrein mit ihm verwandter Freigeborenen, ein Anderer als Vatermörder und Eroberer eines fremden und zwar väterlichen Reiches. Dadurch aber ist nichts Anderes bewirkt worden, als daß den Menschen die Scheu vor dem Sündigen benommen ward, wenn sie an solche Götter glaubten. Doch obgleich mich Jenes nicht verletzt, so ermahne ich euch doch um euretwillen:

(7.) Achtet die Tugend, glaubet denen, die, nachdem sie der Tugend lange nachgestrebt haben, euch zurufen, daß sie nach etwas Großem und von Tag zu Tag größer Erscheinendem streben, und ehret die Tugend selbst wie die Götter und ihre Bekenner wie deren Priester; und so oft dieses heiligen Namens Erwähnung geschieht, hütet eure Zunge! Dieser Spruch ist nicht, wie die Meisten glauben, von ›Gunst‹ herzuleiten, sondern es wird damit Stillschweigen geboten, damit das Opfer gehörig vollbracht werden könne, ohne daß irgend ein unheilvolles Wort dabei sich hören lasse.«

XXVII.

(1.) Und es ist viel nöthiger, daß euch befohlen werde, so oft ein Ausspruch von jenem Orakel gethan wird, achtsam und mit Zurückhaltung jedes Lautes zuzuhören. Wenn Einer, die Klapper schüttelnd, nach Vorschrift Lügen vorträgt, wenn ein Meister im Einschneiden in die Arme mit erhobener Hand Arme und Schultern von Blut triefen läßt, wenn Einer, auf dem Wege hin kriechend heult und ein Greis, in Linnen gekleidet, und einen Lorbeerzweig nebst einer Leuchte am hellen Tage einhertragend, ruft, es sei irgend einer der Götter erzürnt: so lauft ihr zusammen und horcht und versichert, gegenseitig Einer des Andern Betäubung nährend, der Mann sei [sicherlich] ein Gottbegeisterter.

(2.) Siehe, Sokrates ruft laut aus jenem Kerker, den er durch seinen Eintritt reinigte und geehrter, als jede Curie, machte: »Was ist das für Raserei? was ist das für Göttern und Menschen feindseliges Wesen, die Tugend zu verunglimpfen und am Heiligen durch böswillige Reden zu freveln? Wenn ihr es könnt, so preiset die Guten, wo nicht, so gehet vorüber. Gefällt es euch, eure schändliche Frechheit auszulassen, so gehet Einer auf den Andern los; denn wenn ihr gegen den Himmel raset, so sage ich zwar nicht, daß ihr einen Frevel gegen das Heilige begeht, wohl aber, daß ihr eure Mühe verschwendet. Ich gewährte einst dem

Aristophanes Stoff über mich zu scherzen; jene ganze Schaar der Lust-spieldichter hat ihren giftigen Witz über mich ausgegossen.

(3.) Doch meine Tugend ward gerade durch das in's hellste Licht ge-stellt, womit sie angegriffen wurde; denn es frommt ihr hervorgezogen und geprüft zu werden, und Niemand erkennt besser, wie groß sie sei, als wer ihre Kraft durch Angriffe auf sie zu fühlen bekam. Die Härte des Kiesels ist Niemandem besser bekannt, als den darauf Schlagenden. Ich zeige mich nicht anders, als ein in seichtem Meere verlassen dastehen-der Felsen, den die Wogen, woher sie auch immer aufgeregt werden, nie zu schlagen rasten, und den sie deshalb doch nicht von der Stelle rücken oder durch ihr häufiges Anprallen während so vieler Menschenalter ver-zehren.

(4.) Springet auf mich los, machet einen Angriff: ich werde euch durch sein Aushalten besiegen. Alles, was auf Festes und Unüberwindliches einstürmt, übt seine Kraft zu eigenem Verderben. Nun denn, so suchet euch einen weichen und nachgebenden Stoff, worin eure Geschosse haf-ten. Und euch beliebt die Gebrechen Anderer aufzuspüren und über Je-manden ein Urtheil zu fällen? Warum [fragt ihr] wohnt dieser Philosoph so geräumig, warum speist dieser so köstlich? [Selbst] mit einer Menge von Geschwüren bedeckt bemerkt ihr jedes Hitzbläschen an Andern.

(5.) Das ist gerade so, wie wenn Einer, den verderbliche Krätze verzehrt, Muttermale oder Warzen an den [übrigens] schönsten Körpern verspot-tet. Macht es dem Plato zum Vorwurfe, daß er Geld verlangt habe, dem Aristoteles, daß er es genommen, dem Demokrit, daß er es geringge-schätzt, dem Epikur, daß er es verthan; mir selbst werft [meine Liebe zu] Alcibiades und Phädrus vor.

(6.) O wie wäret ihr doch in der That glücklich zu preisen, wenn es euch nur erst gelungen wäre unsere Fehler nachzuahmen! Warum betrachtet ihr nicht lieber eure eigenen Gebrechen, die euch von allen Seiten ste-chen, einige von Außen wüthend, andere in den Eingeweiden selbst brennend? So steht es mit den menschlichen Verhältnissen nicht; auch wenn ihr euern Zustand zu wenig kennt und Zeit genug haben solltet, eure Zunge zur Schmähung der Besseren in Bewegung zu setzen.«

XXVIII.

(1.) Das sehet ihr nicht ein und traget eine eurem Zustande nicht ent-sprechende Miene, sowie Viele, die, während sie ruhig im Circus oder im Theater sitzen, schon eine Leiche und einen unangekündigten Unfall im Hause haben. Ich dagegen, von meiner Höhe herabschauend, sehe, welche Ungewitter euch entweder drohen, indem sie nur etwas langsamer ihren Wolkenschleier zerreißen, oder schon näher an euch herangekommen sind, um euch und eure Habe hinwegzuraffen. Und wie? Treibt nicht auch jetzt, auch wenn ihr es nicht deutlich gewahr werdet, ein Wirbelwind eure Seelen im Kreise herum und hüllt sie ein, indem ihr das Nämliche zugleich fliehet und suchet und bald in die Höhe gehoben, bald in die Tiefe geschmettert werdet?...

Schluß fehlt